吉林大學
考古與藝術博物館

館藏文物叢書·璽印卷

Jilin University

Museum of Archaeology and Art

Cultural Relics Series: Seals

璽印卷

吉林大學考古與藝術博物館　編

唐　淼　主編

李春桃　副主編

上海古籍出版社

前言

　　吉林大學考古與藝術博物館坐落於吉林大學中心校區。館內藏品種類豐富，數量巨大，精品甚多，中國古代璽印便是其中的重要組成部分。本館所藏璽印數量衆多，總計達一千二百餘方；時間跨度较长，上起戰國下至明清；種類齊全，包含官印、私印、宗教印；印文字體多樣，囊括戰國古文、小篆、隸書、少數民族文字；形制豐富，鈕式包含鼻鈕、橋鈕、瓦鈕、獸鈕，可謂是中國印章歷史的一個縮影。

　　這批璽印入藏吉林大學已逾六十多年，收藏地點名稱也從原先的歷史系文物陳列室改成如今的考古與藝術博物館。其中部分材料曾被著録。1987 年由吉林大學歷史系文物陳列室主編，林澐、吳振武先生擔任編選及釋文工作，出版了《吉林大學藏古璽印》一書，因其編選標準中有“重要的、其他譜録未見的”這一原則，故該書僅收録璽印四百二十二方，其中戰國古璽八十七方。就當時的學術背景而言，此書無論是圖版印刷品質，還是印文釋讀水平，都堪稱精良。然而現今璽印的著録方式較過去發生了很大變化，所公布的信息更爲全面、具體，古文字學的進展也異常迅速。爲了更爲全面地展現這批璽印並反映出學界的最新研究進展，吉林大學考古與藝術博物館決定重新整理這批材料，將館藏全部璽印材料分成兩部分重新出版，本書便爲第一部分，主要收集館藏璽印中的戰國古璽。

　　本書收録館內所藏戰國古璽，數量共二百一十八餘方。其中珍品俯拾皆是，包括著名的燕國官璽“鄔（易）婁（鏤）币（師）鉩（璽）”、齊國官璽“遲（徒）垦之鉩（璽）”、三晉官璽“会（陰）室（館）司宼”，私璽精品更是數不勝數。傳統的印譜類著録書籍很多

吉林大學考古與藝術博物館
Jilin University Museum of Archaeology and Art
館 藏 文 物 叢 書
璽印卷
SEALS

PREFACE

僅關注印文，故很多只著録印文鈐本。近年來璽印的著録方式已經改變，本書則采用當前最新形式，力求全面展現每一方璽印全貌，將公布璽印的多方面信息。每印下附録全印實物照片（拍攝時璽印均爲入藏時原貌），同時收入印文鈐本、高清印面、封泥等多種不同形式的照片，並公布璽印的尺寸、重量等信息，爭取全面展現每方古璽的客觀面貌。編者參考古文字學界最新的研究成果並結合我們自己的思考，對所收璽印進行釋讀，按照目前戰國文字分域進行排列，爭取爲使用或研究這批材料的學者提供最大的便利。然而囿於學力所限，掛一漏萬，在所難免，還請學界批評、指正。

在本書的撰寫、編輯過程中，李琦博士、何義軍博士爲璽印釋讀提供了幫助，本書初稿完成後先後蒙吳振武先生、吳良寶先生以及施謝捷先生提供諸多修改意見，使此書避免了很多疏失。上海古籍出版社的姚明輝博士爲本書的編輯工作不辭辛勞，在此一併致謝。

編者 2021 年 7 月於長春

凡
例

　　一、本書收録吉林大學考古與藝術博物館所收藏的戰國璽印，偽品不予收録，將擬另文專門介紹。

　　二、編排順序爲先官璽、後私璽。私璽作爲主要部分又分爲姓名璽、成語璽、單字璽。每部分內部又根據國別，參照數量按照晉、燕、齊、楚依次排列。

　　三、每件璽印均附整體照片、印面放大照片、印文鈐本、封泥，並標注原璽尺寸、重量，尺寸依次爲縱、橫、通高，圓形璽僅標注印面直徑及通高。

　　四、釋文用繁體字，盡量按照原篆給予隸定，以"（ ）"標注所破讀之字；對於釋讀意見不能肯定的字後面標注"？"號；對於未識字可隸定者給出隸定形體，無法隸定或模糊不清的印文以"□"號表示。

目録

目録

目録

官

璽

〇〇一

北陸（陸）宭（官）

三晉

尺寸：14.79×14.25×11.86毫米

重量：10.34克

〇〇二

車䮽（御）倫（令）㥁（信）

三晉

尺寸：16.68×16.41×12.59毫米

重量：10.26克

〇〇三
司戎（寇）圢（士）

三晋

尺寸：15.08×15.03×13.36毫米

重量：12.29克

○○四

上比?坿（市）

三晉

尺寸：15.1×15.03×14.65毫米

重量：14.49克

〇〇五

庶犀坒（府）

三晋

尺寸：14.85×14.71×11.34毫米

重量：9.86克

○○六

武陽翌（輕）兵

三晉

尺寸：φ18.45×15.65毫米

重量：16.71克

〇〇七

新（新）聚坔（府）

三晉

尺寸：14.84×14.57×13.8毫米

重量：14.64克

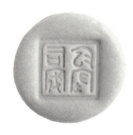

〇〇八
佥（陰）室（館）司戍（寇）

三晉
尺寸：16.58×16.49×15.28毫米
重量：17.21克

〇〇九
郘（易）婁（鏤）帀
（師）鈢（璽）

燕
尺寸：43.93×42.86×16.78毫米
重量：98克

○一○
遷（徙）盬（鹽）
之鉢（璽）

齊
尺寸：32.41×25.37×13.23毫米
重量：35.89克

私

璽

〇一一

半旬（詢）

三晉

尺寸：13.67×13.52×12.23毫米

重量：10.21克

〇一二

笖？蚕

三晉

尺寸：13.98×13.29×12.11毫米

重量：7.43克

〇一三

長車

三晉

尺寸：14.57×14.3×14.04毫米

重量：13.18克

〇一四

長芜

三晉

尺寸：12.95×12.85×12.21毫米

重量：8.36克

〇一五
長色

三晉
尺寸：9.9×9.9×11.76毫米
重量：5.39克

○一六

長厶埰（璽）

三晉

尺寸：全長119.1毫米，印面直徑≈13.8毫米

重量：125.8克

〇一七

長昔

三晉

尺寸：12.79×12.74×10.22毫米

重量：6.97克

〇一八

乘馬曇

三晉

尺寸：14.36×13.89×11.13毫米

重量：8.34克

〇一九

羣遊

三晉

尺寸：13.96×13.86×11.56毫米

重量：6.89克

○二○
大弔（叔）訮（訮）

三晉

尺寸：φ12.69×12.01毫米

重量：7.41克

〇二一

東陽弟（夷）虘（吾）

三晉

尺寸：14.09×13.72×12.97毫米

重量：10.31克

○二二
郵色

三晉
尺寸：14.24×13.98×14.28毫米
重量：14.62克

○二三

郖（豆）戠

三晉

尺寸：13.25×12.62×11.03毫米

重量：8.31克

○二四

鄣（犢）參

三晉

尺寸：13.55×13.43×12.48毫米

重量：8.24克

○二五

賦窯

三晉

尺寸：11.74×11.69×13.73毫米

重量：9.3克

○二六

賦爾

三晉

尺寸：11.11 × 11.05 × 12.73 毫米

重量：6.74 克

○二七
高乘

三晉
尺寸：13.07×13.02×11.88毫米
重量：6.64克

○二八

高□

三晉

尺寸：13.61×13.44×10.58毫米

重量：7.1克

〇二九

軙（韓）餲

三晉

尺寸：12.83×12.83×10.56毫米

重量：7.13克

○三○
倝（韓）斁（瓔）

三晉

尺寸：14.27×14.04×11.19毫米

重量：7.74克

○三一

軑（韓）縈

三晉

尺寸：13.37×13.29×12.72毫米

重量：7.68克

○三二
賈戲

三晉

尺寸：13.51×13.38×12.86毫米

重量：8.64克

〇三三

賈右車

三晉

尺寸：16.11×15.8×13.69毫米

重量：16.46克

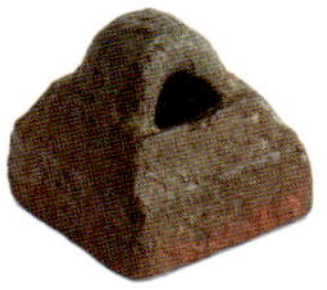

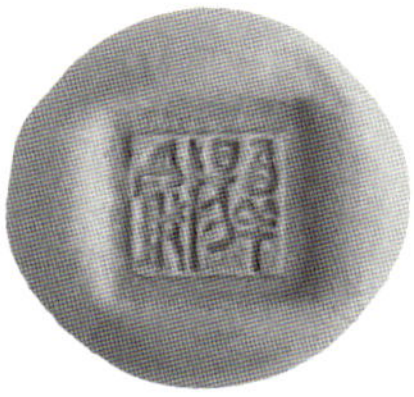

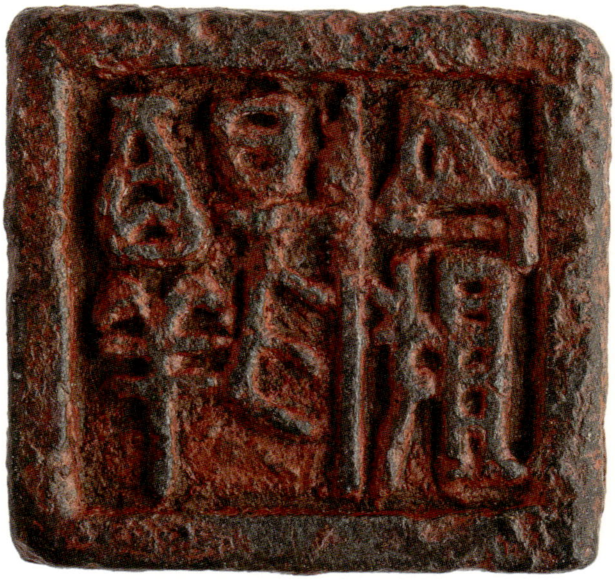

〇三四

𩵦（鮮）陽戲

三晉

尺寸：13.29 × 12.75 × 12.41 毫米

重量：7.17 克

〇三五

瑬（勑）棺（棺）

三晋

尺寸：13.99×13.87×11.88毫米

重量：8.56克

○三六

郝五鹿

三晉

尺寸：12.6×12.5×11.68毫米

重量：5.19克

○三七

杢（廉）□

三晉

尺寸：13.64×13.53×13.63毫米

重量：12.4克

○三八

莨諜（說）

三晉

尺寸：12.8×12.53×10.47毫米

重量：7.1克

〇三九

鄒（梁）瘍

三晉

尺寸：13.17×13.03×13.44毫米

重量：8.29克

〇四〇

鄰（梁）連

三晉

尺寸：13.8×13.72×10.6毫米

重量：8.46克

〇四一

郜皐

三晉

尺寸：15.35×14.68×12.16毫米

重量：10.21克

○四二

益（猛）甘

三晉

尺寸：12.12×11.76×9.87毫米

重量：4.71克

〇四三

孟䮅

三晉

尺寸：13.35×12.89×11.9毫米

重量：9.9克

○四四
狄粥

三晉

尺寸：16.51×16.17×15.92毫米

重量：20.72克

〇四五

韋（龺）鉨

三号

尺寸：12.75×12.56×14.82毫米

重量：12.67克

○四六

皋（郹）鈢

三晉

尺寸：13.89×13.62×11.18毫米

重量：8.54克

○四七

旂聯

三晉

尺寸：12.73×12.2×11.09毫米

重量：6.68克

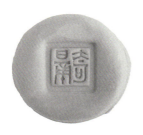

〇四八

奇帚

三晉

尺寸：13.67×13.43×13.57毫米

重量：11.53克

〇四九

奇□

三晋

尺寸：16.13×16×13.24毫米

重量：10.87克

〇五〇

慶沽

三晉

尺寸：14.02×13.9×10.3毫米

重量：8.53克

〇五一
石遊

三晉
尺寸：13.62×13.22×11.06毫米
重量：6.77克

○五二

事邦

三晉

尺寸：13.64×13.49×14.04毫米

重量：8.98克

○五三

事繡

三晉

尺寸：15.42×14.84×16.07毫米

重量：17.11克

○五四

事悬（悒）

三晉

尺寸：14.72×14.57×13.64毫米

重量：7.96克

○五五

事痎

三晉

尺寸：12.19×11.82×13.7毫米

重量：9.77克

○五六

事平

三晉

尺寸：15.52×15.28×12.33毫米

重量：10.45克

〇五七

事譯（讓）

三晉

尺寸：12.87×12.84×12.33毫米

重量：7.19克

○五八

事匜

三晉

尺寸：13.92×13.83×11.34毫米

重量：8.75克

〇五九
事武

三晉

尺寸：13.76×13.57×12.96毫米

重量：6.99克

〇六〇

事狊

三晉

尺寸：13.34×12.92×10.59毫米

重量：8.45克

〇六一

事窯

三晉

尺寸：15.69×15.66×14.18毫米

重量：14.46克

○六二

事鮓

三晉

尺寸：11.92×11.83×10.85毫米

重量：7.43克

〇六三

蒭（司馬）采（秀）

三晉

尺寸：12.81×12.63×11.16毫米

重量：5.6克

○六四

鍝（司馬）孚

三晉

尺寸：13.13×13.09×11.73毫米

重量：8.7克

○六五

亯（司馬）粥

三晉

尺寸：12.5×12.31×14.2毫米

重量：11.12克

〇六六

司徒□

三晉

尺寸：14.05×13.95×13.7毫米

重量：9.07克

○六七

宋旬（購）

三晉

尺寸：12.87×12.67×10.14毫米

重量：4.53克

○六八

宋色

三晉

尺寸：14×13.52×12.43毫米

重量：8.4克

○六九

宋卯

三晉

尺寸：13.82×13.76×11.25毫米

重量：9.35克

〇七〇

孫雫

三晉

尺寸：13.78×13.67×11.86毫米

重量：7.98克

〇七一

孫□

三晉

尺寸：11.82×11.66×14.2毫米

重量：7.87克

○七二

畋夬

三晉

尺寸：13.59×13.12×11.55毫米

重量：6.66克

〇之三

轓（軯）朔

三晉

尺寸：12.04×12.02×13.2毫米

重量：7克

〇七四
王陵（地）

三晉
尺寸：12×11.82×12.01毫米
重量：8.53克

〇之五
王痝

三晉
尺寸：14.54×14.52×11.02毫米
重量：9.76克

○七六

王綸（紟）

三晉

尺寸：11.42×11.38×13.65毫米

重量：8.82克

〇七七

王戹

三晋

尺寸：12.88×12.85×10.54毫米

重量：7.02克

〇七八

王紽

三晉

尺寸：13.38×13.19×10.99毫米

重量：8.4克

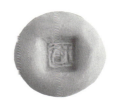

〇七九

王迟?

三晋

尺寸：9.17×9.0□×11.27毫米

重量：35克

○八○

王賏（瓔）

三晉
尺寸：13.68×13.41×10.66毫米
重量：8.65克

〇八一

王積

三晉

尺寸：14.5×14.23×10.29毫米

重量：9.17克

〇八二

匡（匜－危）疒

三晉

尺寸：10.81×10.67×12.67毫米

重量：7.31克

〇八三

愄（文是）怠（怡）

三晉

尺寸：13.53×13.45×9.89毫米

重量：7.32克

○八四

吳饀（饀）

三晉

尺寸：12.95×12.87×10.29毫米

重量：8.23克

○八五
武罕（犢）

三号
尺寸：14.03×13.8×10.8毫米
亘量：€74克

○八六

西都隆（地）

三晉

尺寸：13.78×13.51×11.14毫米

重量：9.37克

○八七

𨟭（熙）憒？

三晉

尺寸：14.66×14.39×13.76毫米

重量：14.64克

○八八

逑（郄）相如

三晉

尺寸：11.09×10.75×12.96毫米

重量：7.16克

〇八九

邼堂（上）

三晉

尺寸：13.52×13.1×10.81毫米

重量：8.34克

○九○

郘兔

三晉

尺寸：12.68×12.49×10.34毫米

重量：6.97克

○九一

陽瘠

三晉

尺寸：15.04×14.33×12.83毫米

重量：10.01克

〇九二

陽成赤

三晉

尺寸：φ15.61×13.73毫米

重量：11.95克

○九三

舍（陰）隶

三晉

尺寸：12.08×12.95×10.66毫米

重量：5.49克

〇九四

君（尹）魍（鬼月）

三晉

尺寸：11.71×11.66×13.63毫米

重量：7.97克

〇九五

君（尹）隋（隋）

三晋

尺寸：13.92×13.71×12.13毫米

重量：10.94克

○九六

鄅証

三晉

尺寸：12.01×11.46×14.13毫米

重量：10克

〇九七

圜（原）買

三晉

尺寸：14.51×14.15×15毫米

重量：16.73克

〇九八

樂瘥？

三晉

尺寸：14.54×14.51×13.32毫米

重量：11.35克

〇九九
樂嵩

三晉
尺寸：14.2×13.79×10.69毫米
重量：9.23克

一〇〇
鄟丁

三晉
尺寸：13.71×13.67×11.06毫米
重量：9.21克

一〇一

肖（趙）諫

三晉

尺寸：14.17×14×10.82毫米

重量：8.55克

一〇二

肖（趙）慧（慧）

三晉

尺寸：12.74×12.18×10.02毫米

重量：4.51克

一〇三

肖（趙）瘠

三晉

尺寸：12.95×12.89×11.13毫米

重量：8.68克

一〇四

肖（趙）疥

三晉

尺寸：14.45×14.41×12.03毫米

重量：9.83克

一〇五

肖（趙）謹

三晉

尺寸：12.16×11.94×10.37毫米

重量：6.9克

一〇六

肖（趙）色

三晉

尺寸：14.93×14.76×11.13毫米

重量：9.44克

一〇七

肖（趙）霁（勝）

三晉

尺寸：13.69×13.28×12.12 毫米

重量：3.44 克

一〇八

肖（趙）埰（市）

三晉

尺寸：11.84×11.72×13.89毫米

重量：9.74克

一〇九

肖（趙）佗

三晋

尺寸：15.72×15.48×14.72毫米

重量：17.2克

一一〇

肖（趙）脒

三晉

尺寸：13.24×12.9×12.52毫米

重量：5.78克

一一一

肖（趙）嬛

三晉

尺寸：13.3×12.6×14.29毫米

重量：12.65克

一一二

肖（趙）驀（軅）

三晉

尺寸：12.65×12.41×12.97毫米

重量：9.28克

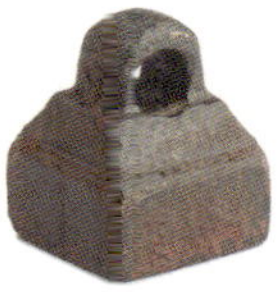

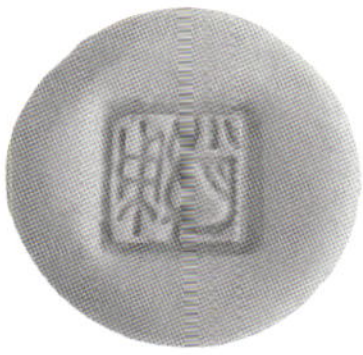

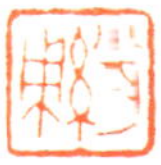

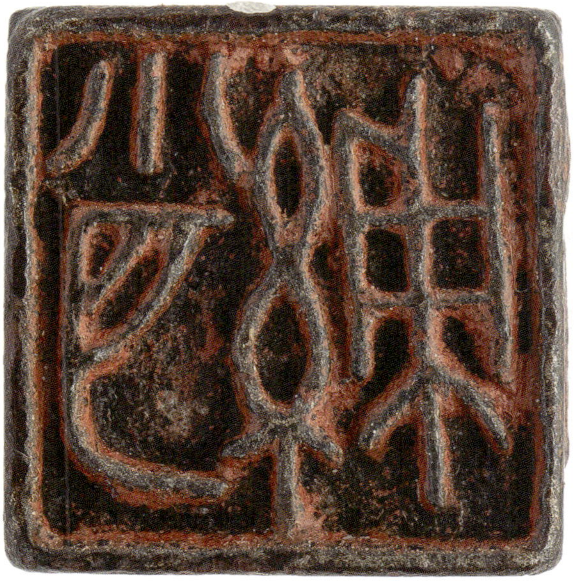

一一三

肖（趙）紩

三晉

尺寸：10.27×9.94×12.89毫米

重量：6.19克

一一四

肖（趙）玉

三晉

尺寸：12.64×12.52×14.15毫米

重量：10.5克

一一五

肖（趙）鮓

三晉

尺寸：11.25×11.16×12.6毫米

重量：7.6克

一一六

齵（牙）旬（購）

三晉

尺寸：13.28×12.95×16.05毫米

重量：13.92克

一一七

弸安

三晋

尺寸：13.35×13.24×11.46毫米

重量：6.67克

一一八

弫譙

三晉

尺寸：12.78×12.57×14.54毫米

重量：11.38克

一一九

鄭芊

三晉

尺寸：14.23×13.86×10.25毫米

重量：7.66克

一二〇
邔侗

三晉

尺寸：12.69×12.47×10.35毫米

重量：4.75克

一二一

旨盧疢（瘰）

三晉

尺寸：13.27×13.22×11.79毫米

重量：6.89克

一二二
周史

三晉
尺寸：13.67×13.56×14.06毫米
重量：12.81克

一二三
周隹（雝）

三晉
尺寸：12.66×12.45×10.49毫米
重量：5.61克

一二四
者（諸）洬（海）

三晉
尺寸：15.14×14.68×15.25毫米
重量：15.88克

一二五

觟奚易（傷）

三晉

尺寸：13.42×13.21×11.65毫米

重量：6.54克

一二六

盦迵

三晉

尺寸：14.61×14.24×10.92毫米

重量：9.05克

一二七

長任

燕

尺寸：13.03×12.93×9.83毫米

重量：7.03克

一二八

長同

燕

尺寸：14.4×13.9×8.22毫米

重量：6.27克

一二九
番𨓍

燕
尺寸：13.69×13.35×8.22毫米
重量：5.87克

一三〇

孜（韓）邔（邦）

燕

尺寸：12.5×12.01×13.85毫米

重量：9.94克

一三一

枏緼

燕

尺寸：12.03×11.81×14.09毫米

重量：9.41克

一三二

喬生（甥）畋

燕

尺寸：12.38×12.23×11.33毫米

重量：7.37克

一三三
易羣（乘）

燕
尺寸：12.22×11.94×9.05毫米
重量：5.33克

一三四

易咎

燕

尺寸：13.54×13.27×9.67毫米

重量：5.2克

一三五
庚旌

燕
尺寸：13.19×12.92×10.92毫米
重量：7.9克

一三六

公孫豖鉢（璽）

齊

尺寸：19.68×19.26×14.13毫米

重量：19.84克

一三七

可剔（傷）

楚

尺寸：14.86×14.69×12.36毫米

重量：9.59克

一三八

□□

尺寸：φ11.75×10.56毫米

重量：4.53克

成語璽

一三九

百年

三晉

尺寸：12.16×11.69×12.38毫米

重量：6.03克

一四〇

百隹（牛）

三晉

尺寸：12.89×12.55×11.96毫米

重量：8.73克

一四一
長官

三晉
尺寸：15.82×15.76×9.6毫米
重量：5.92克

一四二

旻（得）絟（志）

三晉

尺寸：11.52×11.08×13.03毫米

重量：5.5克

一四三

青〔精〕中（忠）

三晉

尺寸：11.29×11.26×14.01毫米

重量：6.7克

一四四

敬六（其）上

三晉

尺寸：15.77×14.01×12.91毫米

重量：10.73克

一四五
敬六（其）上

三晉
尺寸：16.1×15.39×8.63毫米
重量：6.63克

一四六

敬上

三晉

尺寸：14.53×14.5×13.62毫米

重量：13.56克

一四七

敬上

三晉

尺寸：13.11×12.71×13.8毫米

重量：9.89克

一四八

敬? 上

三晉

尺寸：13.28 × 13 × 12.77毫米

重量：9.4克

一四九

敬事

三晉
尺寸：13.16×13.1×13.48毫米
重量：8.22克

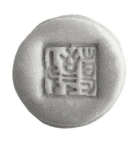

一五〇

敬事

三晉

尺寸：15.06×15.04×17.87毫米

重量：13.67克

一五一

敬事

三晉

尺寸：12.98×12.71×10.48毫米

重量：5.76克

一五二
敬事

三晉
尺寸：15×14.69×13.58毫米
重量：9.49克

一五三
敬事

三晉
尺寸：12.62×12.37×10.36毫米
重量：5.55克

一五四

敬事

三晉

尺寸：13.21×12.54×12.95毫米

重量：8.37克

一五三

敬文

三晉

尺寸：11.6×11.55×10.08毫米

重量：4.25克

一五六

可以正曲

三晉

尺寸：16.3×14.71×9.34毫米

重量：7.33克

一五七
明上

三晉
尺寸：10.72×10.32×12.98毫米
重量：4.98克

一五八
明上

三晉
尺寸：10.64×10.51×13.31毫米
重量：5.48克

一五九

千秋

三晉

尺寸：12.14×12.1×10.27毫米

重量：5.98克

一六〇

千秋

三晉

尺寸：11.6×11.36×11.18毫米

重量：5.28克

一六一

ム（私）公之坏（璽）

三晉

尺寸：14.99×14.23×10.82毫米

重量：10.83克

一六二

善壽

三晉

尺寸：14.1×13.87×13.51毫米

重量：7.94克

一六三

上□尔（鉨）

三晉

尺寸：14.55×13.69×11.11毫米

重量：5.56克

一六四

上□尔（璽）

三晉

尺寸：14.98×14.45×12.73毫米

重量：5.45克

一六五

悊（慎）命

三晉

尺寸：11.18×10.73×11.5毫米

重量：5.44克

一六六

忑（慎）尔（璽）

三晉

尺寸：13.82×13.49×12.38毫米

重量：7.38克

一六七

忎（慎）尔（璽）

三晉

尺寸：15.64×15.6×13.82毫米

重量：10.86克

一六八

忎（慎）尔（璽）

三晉

尺寸：13.08×12.62×11.63毫米

重量：6.87克

一六九

悊（慎）生

三晉

尺寸：φ11.19×10.79毫米

重量：5.06克

一七〇

悊（慎）之

三晉

尺寸：φ13.85×12.2毫米

重量：4.95克

一七一

ム（私）坖（璽）

三晉

尺寸：φ12.81×12.81毫米

重量：5.2克

一七二

厶（私）尔（璽）

三晉

尺寸：12.73×12.36×12.54毫米

重量：6.28克

一七三

王□敬□

三晉

尺寸：14.75×14.26×11.82毫米

重量：6.02克

一七四

宜行

三晉

尺寸：13.68×13.62×12.58毫米

重量：6.62克

一七五

宜禾

三晉

尺寸：15.12×14.67×9.22毫米

重量：5.42克

一七六

宜生

三晉

尺寸：10.94×10.73×11.57毫米

重量：5.84克

一七七

又（有）千白（百）萬

三晉

尺寸：11.34×11.28×14.23毫米

重量：8.04克

一七八

又（有）道

三晉

尺寸：13.37×13.18×12.03毫米

重量：8.96克

一七九

正行

三晋

尺寸：11.3×11.24×11.47毫米

重量：7.61克

一八〇

正行亡（無）厶（私）

三晉

尺寸：12.63×12.41×11.09毫米

重量：5.61克

一八一
正行亡（無）厶（私）

三晉
尺寸：16.63×16.29×14.89毫米
重量：12.96克

一八二
正行亡（無）厶（私）

三晉

尺寸：16.16×16.05×14.54毫米

重量：11.68克

一八三
正行亡（無）厶（私）

三晉
尺寸：15.5×14.83×13.67毫米
重量：14.95克

一八四

中行

三晉

尺寸：11.81×11.8×12.16毫米

重量：7.96克

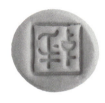

一八五

中（忠）身（信）

三晉

尺寸：15.37×14.29×9.31毫米

重量：6.05克

一八六

長內

燕

尺寸：14.51×13.48×8.2毫米

重量：5.65克

一八七

大吉昌内（入）

燕

尺寸：15.48×15.19×7.81毫米

重量：5.13克

一八八

大吉昌内（入）

燕

尺寸：16.85×16.2×8.64毫米

重量：6.95克

一八九

敬□

齊

尺寸：13.8×13.52×13.6毫米

重量：7.5克

一九〇

□□□□

齊

尺寸：14.53×13.56×9.03毫米

重量：4.91克

一九一

呈（逞）志

楚

尺寸：13.66×4.81×10.22毫米

重量：1.52克

一九二

福壽

楚

尺寸：9.43×9.38×9.23毫米

重量：1.98克

單字璽

一九三

昌

三晉

尺寸：φ14.76×12.36毫米

重量：8.49克

一九四

牛

三晉

尺寸：φ12.07×7.08毫米

重量：2.84克

一九五

丘

三晉

尺寸：14.58×13.31×11.75毫米

重量：6.66克

一九六

悊（慎）

三晉

尺寸：φ15.07×10.43毫米

重量：7.24克

一九七

忎（慎）

三晋

尺寸：¢11.95×11.3毫米

重量：4.18克

一九八

畋

三晉

尺寸：17.9×17.53×14.87毫米

重量：15.59克

一九九

丙（萬）

三晉

尺寸：11.25×11.18×19.1毫米

重量：10.12克

二〇〇
尔（璽）

三晋
尺寸：φ12.15×8.46毫米
重量：4克

二〇一

尔（璽）

三晉

尺寸：φ12.94×7毫米

重量：4克

二〇二

圿（璽）

三晉

尺寸：φ12.79×12.71毫米

重量：7.5克

二〇三

坏（璽）

三晉

尺寸：15.5×15.02×8.69毫米

重量：5.85克

二〇四

章

三晉

尺寸：15.41×8.42×23.47毫米

重量：12.34克

二〇五

甘？

三晉

尺寸：10.78×10.63×10.61毫米

重量：5.45克

二〇六

坉？

三晉

尺寸：13.55×13.4×8.98毫米

重量：4.57克

二〇七

昌

燕

尺寸：φ12.49×6.88毫米

重量：2.9克

二〇八

昌

燕

尺寸：φ12.32×6.82毫米

重量：2.27克

生

燕

尺寸：φ12.58×7.62毫米

重量：3.73克

二一〇

生

燕

尺寸：13.64×13.4×9.4毫米

重量：4.46克

二一一
詬（信）

燕
尺寸：φ17.89×19.91毫米
重量：12.29克

二一二

□

燕

尺寸：15.61×15.21×9.16毫米

重量：8.58克

二一三

□（偈？）

燕

尺寸：11.82×11.78×8.49毫米

重量：3.18克

二一四

犬？

燕？

尺寸：15.00×14.48×13.03毫米

重量：6.98克

二一五

尋（得）？

楚

尺寸：16.73×13.93×17.46毫米

重量：9.56克

二一六

又

楚

尺寸：12.74×12.7×10.13毫米

重量：6.09克

二一七
朵

尺寸：9.29×9.26×7.29毫米
重量：2.92克

二一八

□

尺寸：12.36×12.24×5.55毫米

重量：2.71克

圖書在版編目（CIP）數據

吉林大學考古與藝術博物館館藏文物叢書.璽印卷 /
吉林大學考古與藝術博物館編；唐淼主編；李春桃副主
編.—上海：上海古籍出版社，2021.11
　ISBN 978－7－5732－0094－5

　Ⅰ.①吉…　Ⅱ.①吉…②唐…③李…　Ⅲ.①文物－
介紹－中國②古印（考古）－介紹－中國　Ⅳ.①K87
②K877.6

中國版本圖書館CIP數據核字（2021）第221801號

吉林大學考古與藝術博物館館藏文物叢書·璽印卷

吉林大學考古與藝術博物館　編

唐淼　主編

李春桃　副主編

上海古籍出版社出版發行

（上海市號景路159弄A座5層　郵政編碼201101）

（1）網址：www.guji.com.cn

（2）E-mail：guji1＠guji.com.cn

（3）易文網網址：www.ewen.co

上海雅昌藝術印刷有限公司印刷

開本889×1194　1/16　印張15.25　插頁4

2021年11月第1版　2021年11月第1次印刷

ISBN 978－7－5732－0094－5

K·3057　定價：280.00元

如有質量問題，請與承印公司聯繫